Die Feier der Eucharistie

Die Feier der
Eucharistie

Gedanken, Gebete, Meditationen

benno
VERLAG

Inhalt

Die Eucharistie
ist unser täglich Brot.
Seine innere Kraft
ist in Ewigkeit:
Wir werden aufgenommen
in seinen Leib,
werden seine Glieder
und sind so das,
was wir empfangen.

Augustinus von Hippo

Die Eucharistie ist eingesetzt, damit wir Geschwister werden; damit wir aus Fremden, Verstreuten und einander Gleichgültigen zu Menschen werden, die vereint und gleich, ja Freunde sind. Sie ist uns geschenkt, damit wir aus gleichgültigen, egoistischen Menschen, die untereinander gespalten und verfeindet sind, ein Volk werden, ein wahres Volk, das glaubt und liebt, das ein Herz und eine Seele ist.

Papst Paul VI.

In unserer Zeit steht uns das Bild von Mutter Teresa von Kalkutta vor den Augen. Wo immer sie Häuser ihrer Schwestern im Dienst an den Sterbenden und Ausgestoßenen eröffnete, war das Erste, dass sie einen Ort für den Tabernakel verlangte, weil sie wusste, dass nur von dorther die Kraft für diesen Dienst kommen konnte. Wer den Herrn im Tabernakel kennt, der erkennt ihn in den Leidenden und Bedürftigen.

Joseph Kardinal Ratzinger[1]

Die Emmaus-Jünger – sie erkannten ihn, als er das Brot brach

„Am gleichen Tag waren zwei von den Jüngern auf dem Weg in ein Dorf namens Emmaus. Während sie redeten, kam Jesus hinzu. Doch sie waren wie mit Blindheit geschlagen, so dass sie ihn nicht erkannten.
Er fragte sie: Was sind das für Dinge, über die ihr miteinander redet?
Der eine antwortete ihm: Bist du so fremd in Jerusalem, dass du als einziger nicht weißt, was dort geschehen ist?
Was denn?
Das mit Jesus aus Nazaret. Er war ein Prophet, mächtig in Wort und Tat. Doch unsere Hohenpriester und Führer haben ihn ans Kreuz schlagen lassen. Wir aber hatten gehofft, dass er der sei, der Israel erlösen werde. Und dazu ist heute schon der dritte Tag, seitdem das alles geschehen ist.
Da sagte er: Begreift ihr denn nicht? Musste nicht der Messias all das erleiden? Und er legte dar, ausgehend von Mose und allen Propheten, was in der gesamten Schrift über ihn geschrieben steht.

So erreichten sie das Dorf. Jesus tat, als wolle er weitergehen, aber sie drängten ihn: Bleib doch bei uns; denn es wird bald Abend, der Tag hat sich schon geneigt. Da ging er mit hinein. Und als er mit ihnen bei Tisch war, nahm er das Brot, sprach den Lobpreis, brach das Brot und gab es ihnen.
Da gingen ihnen die Augen auf, und sie erkannten ihn; dann sahen sie ihn nicht mehr.
Und sie sagten zueinander: Brannte uns nicht das Herz in der Brust, als er unterwegs mit uns redete und uns den Sinn der Schrift erschloss? Noch in derselben Stunde brachen sie auf und kehrten nach Jerusalem zurück."

Lk 24,13-21.25-33

Die Eucharistie

Papst Johannes Paul II.

Das Bild der Emmausjünger eignet sich gut dafür, einem Jahr Orientierung zu geben, in dem die Kirche sich in besonderer Weise bemühen wird, das Geheimnis der heiligen Eucharistie zu leben. Auf den Straßen unserer Fragen und unserer Unruhe, zuweilen unserer tiefen Enttäuschungen, will der göttliche „Wanderer“ uns weiterhin Gefährte sein, um uns durch die Auslegung der Heiligen Schrift in das Verstehen der Geheimnisse Gottes einzuführen. Wenn die Begegnung mit dem Herrn zur Fülle gelangt, tritt an die Stelle des „Lichtes des Wortes“ jenes Licht, das aus dem „Brot des Lebens“ hervorgeht, mit dem Christus in höchster Form seine Zusage „Ich bin bei euch alle Tage bis zum Ende der Welt“ erfüllt (Mt 28,20).

Das „Brotbrechen“, wie die Eucharistie im Anfang genannt wurde, steht von jeher im Mittelpunkt des Lebens der Kirche. Mittels ihrer macht Christus durch den Zeitenlauf hindurch das Geheimnis seines Todes und seiner Auferstehung gegenwärtig. In ihr empfangen wir Christus in Person als „das lebendige Brot, das vom Himmel herabgekommen ist“ (Joh 6,51). In Ihm ist uns das Unterpfand des ewigen Lebens gegeben, dank dessen wir das ewige Gastmahl des himmlischen Jerusalem vorauskosten dürfen.

Die Erzählung von der Erscheinung des auferstandenen Jesus vor den zwei Jüngern von Emmaus hilft uns, einen ersten Aspekt des eucharistischen Geheimnisses zu beleuchten, der immer in der Frömmigkeit des Volkes Gottes vorhanden sein muss: die Eucharistie als Geheimnis des Lichtes! Jesus hat sich selbst als „Licht der Welt" (Joh 8,12) bezeichnet. Diese Eigenschaft kommt in jenen Augenblicken seines Lebens, in denen seine göttliche Herrlichkeit klar erstrahlt, wie Verklärung und Auferstehung, gut zum Vorschein. In der Eucharistie hingegen ist die Glorie Christi verhüllt.
Die Eucharistie ist vor allem deshalb Licht, weil in jeder Messe der Wortgottesdienst der Eucharistiefeier in der Einheit der beiden „Tische" des Wortes und des Brotes vorausgeht. Diese Kontinuität tritt in der eucharistischen Rede des Johannesevangeliums zu Tage: „Denn mein Fleisch ist wirklich eine Speise, und mein Blut ist wirklich ein Trank" (Joh 6,55). Wir wissen, dass dieses Wort einen Großteil der Zuhörer in eine Krise stürzte und Petrus veranlasste, sich zum Sprecher des Glaubens der anderen Apostel und der Kirche aller Zeiten zu machen: „Herr, zu wem sollen wir gehen? Du hast Worte des ewigen Lebens" (Joh 6,68). In der Erzählung der Emmausjünger greift Jesus selbst ein, um zu zeigen, wie die „gesamte Schrift" zum Geheimnis seiner Person hinführt (vgl. Lk 24,27). Seine Worte bringen die Herzen der Jünger zum „Brennen", sie

entziehen sie dem Dunkel der Traurigkeit und der Verzweiflung und wecken in ihnen den Wunsch, bei ihm zu bleiben: „Bleibe bei uns, Herr“ (vgl. Lk 24,29). Es ist von Bedeutung, dass die beiden Emmausjünger, die durch die Worte des Herrn entsprechend vorbereitet worden waren, ihn bei Tisch an der einfachen Geste des „Brotbrechens“ erkannten. Wenn einmal der Verstand erleuchtet und das Herz erwärmt ist, dann „sprechen“ die Zeichen. Die Eucharistie vollzieht sich ganz im dynamischen Kontext von Zeichen, die eine dichte und helle Botschaft in sich tragen. Durch die Zeichen öffnet sich in gewisser Weise das Geheimnis dem Auge des Glaubenden.

Es besteht kein Zweifel, dass unter den verschiedenen Aspekten der Eucharistie jener des Gastmahles am meisten ins Auge fällt. Die Eucharistie entstand im Kontext des Paschamahles am Abend des Gründonnerstages. Daher ist ihrer Struktur die Bedeutung der Tischgemeinschaft eingeschrieben: „Nehmt und esst ... Dann nahm er den Kelch ... und reichte ihn den Jüngern mit den Worten: Trinkt alle daraus“ (Mt 26,26.27). Dieser Aspekt drückt die Gemeinschaftsbeziehung gut aus, die Gott mit uns aufnehmen will und die wir selbst untereinander entfalten müssen.

Auf die Bitte der Jünger von Emmaus, „bei“ ihnen zu bleiben, antwortet Jesus mit einem viel größeren Geschenk: Durch das Sakrament der Eucharistie fand er Gelegenheit, „in" ihnen zu bleiben. Die Eucharistie empfangen bedeutet in tiefe Gemeinschaft mit Jesus eintreten. „Bleibt in mir, dann bleibe ich in euch" (Joh 15,4). Diese Beziehung eines zuinnersten, wechselseitigen „Verbleibens" erlaubt uns in gewisser Weise, den Himmel auf der Erde vorwegzunehmen. Ist dies nicht das größte Verlangen des Menschen?

Nachdem die beiden Emmausjünger den Herrn erkannt hatten, brachen sie noch in derselben Stunde auf (vgl. Lk 24,33), um über das Gesehene und Gehörte zu berichten. Wer eine wahre Erfahrung des Auferstandenen gemacht hat und sich durch seinen Leib und sein Blut nährt, kann die erlebte Freude nicht für sich behalten. Die Entlassung am Schluss jeder Messe stellt einen Auftrag dar, welcher den Christen zum Einsatz für die Verbreitung des Evangeliums und die christliche Beseelung der Gesellschaft drängt.

Ein grundsätzliches Element dieses Plans ergibt sich aus der Bedeutung des Wortes „Eucharistie" selbst: Danksagung. In Jesus, in seiner Hingabe, in seinem bedingungslosen „Ja" zum Willen des Vaters fußt das „Ja", das „Danke", das „Amen" der ganzen Menschheit. Die Kirche ist aufgerufen, die Menschen an diese große Wahrheit zu erinnern. Es ist dringend erforderlich, dies vor allem in unserer säkularisierten Welt zu tun, die in Gottvergessenheit lebt und eine eitle Selbstgenügsamkeit des

Menschen pflegt. Dem eucharistischen Plan im Alltag, dort, wo wir arbeiten und leben – in der Familie, in der Schule, in der Fabrik wie in den verschiedensten Lebensbedingungen –, eine Gestalt zu geben, heißt unter anderem zu bezeugen, dass sich die menschliche Wirklichkeit nicht ohne Bezug zum Schöpfer begründen lässt.

Die Eucharistie ist nicht nur ein Ausdruck der Lebensgemeinschaft der Kirche, sondern auch ein Projekt der Solidarität für die gesamte Menschheit. Die Kirche erneuert beständig in der Feier der Eucharistie ihr Bewusstsein, „Zeichen und Werkzeug" nicht nur der inneren Gemeinschaft mit Gott, sondern auch der Einheit des ganzen Menschengeschlechtes zu sein. Jede Messe, auch wenn sie im Verborgenen und in einer abgelegenen Region der Erde gefeiert wird, trägt immer das Zeichen der Universalität. Der an der Eucharistie teilnehmende Christ lernt daraus, sich zum Förderer von Gemeinschaft, Frieden und Solidarität zu machen, die Eucharistie wie eine große Schule der Liebe zu leben, in der sich Männer und Frauen bilden, die auf verschiedenen Verantwortungsebenen im sozialen, kulturellen und politischen Leben Strukturen des Dialogs und der Gemeinschaft weben.

Vor unseren Augen sind die Beispiele der Heiligen, die in der Eucharistie die Nahrung für ihren Weg der Vollkommenheit gefunden haben. Wie oft haben sie Tränen der Ergriffenheit in der Erfahrung eines so großen Geheimnisses vergossen und welch unsagbare Stunden „hochzeitlicher" Freude haben sie vor dem Altarssakrament verbracht! Es helfe uns vor allem die heilige Jungfrau Maria, die mit ihrer ganzen Existenz die Logik der Eucharistie verkörpert hat. In diesem Gnadenjahr möge die Kirche mit der Hilfe Marias neuen Elan für ihre Mission erhalten und in der Eucharistie immer mehr die Quelle und den Höhepunkt ihres ganzen Lebens erkennen.

Aus dem Apostolischen Schreiben
„Mane nobiscum Domine"
von Papst Johannes Paul II.

Von der Eucharistie

Joseph Kardinal Ratzinger

„Eucharistie“ ist heute – durchaus zu Recht – der geläufigste Name für das Sakrament des Leibes und Blutes Christi, das der Herr am Abend vor seinem Leiden eingesetzt hat.
Ohne Zweifel hatte der Herr sein Sakrament im Rahmen eines Mahles, wohl des jüdischen Paschamahles eingesetzt, und so war es zunächst auch mit einer Versammlung zum Mahl verbunden gewesen. Aber der Herr hatte nicht das Paschamahl zur Wiederholung aufgetragen, das zwar den Rahmen bildete, aber nicht sein Sakrament, nicht seine neue Gabe war. Das Paschamahl konnte ohnedies nur einmal im Jahr gefeiert werden. Die Eucharistiefeier selbst wurde darüber hinaus in dem Maß von der Mahlversammlung überhaupt abgelöst, in dem sich die Lösung aus dem Gesetz, der Übergang zu einer Kirche aus Juden und Heiden, vor allem aber aus ehemaligen Heiden vollzog. Der Zusammenhang mit dem Mahl erwies sich so als äußerlich, ja, als Verleitung zum Missverständnis und zum Missbrauch, wie Paulus nachdrücklich im ersten Brief an die Korinther gezeigt hat. So gehörte es zur wesentlichen Gestaltwerdung der Kirche, dass sie langsam die eigene Gabe des Herrn, sein Neues und Bleibendes, aus den alten Zusammen-

hängen löste und ihm seine eigene Form gab. Dies geschah einerseits durch die Verbindung mit dem Wortgottesdienst, der sein Vorbild in der Synagoge hat; zum anderen dadurch, dass die Stiftungsworte des Herrn den Höhepunkt des großen Dank- und Segensgebetes (Berakha) bildeten, das man aus den synagogalen Traditionen und so letztlich vom Herrn her aufnahm, der in der jüdischen Tradition Gott gedankt und gepriesen hatte und eben diesem Dank durch die Hingabe seines Leibes und Blutes eine neue Tiefe schenkte. Man erkannte, dass das Wesentliche am Geschehen des letzten Abendmahles nicht das Essen des Lammes und der anderen traditionellen Gerichte war, sondern das große Gebet der Lobpreisung, das nun die Stiftungsworte Jesu als Mitte erhielt: Mit diesen Worten hatte er seinen Tod in die Gabe seiner selbst umgewandelt, so dass wir nun für diesen Tod danken können. Ja, jetzt erst ist es möglich, Gott ohne Vorbehalt zu danken, weil das Schrecklichste – der Tod des Erlösers und unser aller Tod – durch einen Akt der Liebe zur Gabe des Lebens verwandelt worden ist. So wurde als das Wesentliche des letzten Abendmahles die Eucharistia erkannt, die wir heute Hochgebet nennen: „Eucharistia" ist Übersetzung von „Berakha" und bedeutet daher ebenso Lobpreisung wie Danksagung und Segnung. Die Berakha war die eigentliche, konstitutive Mitte von Jesu letztem Abendmahl; das Hochgebet, das diese Mitte aufnimmt, stammt so direkt aus dem Beten Jesu am Abend vor seinem Leiden und bildet den Kern des neuen geistigen Opfers. Deswegen haben die Väter die Eucharistie zum Teil einfach als „Gebet“ bezeichnet, als „Opfer“ im Wort, als geistiges Opfer, das aber doch auch Materie wird und Materie verwandelt: Brot und Wein werden Leib und Blut Christi, die neue Nahrung, die auf die Auferstehung hin, auf das ewige Leben hin ernährt. So wird das ganze Gefüge aus Wort und Element zur Vorausdarstellung des ewigen Hochzeitsmahles.

Die werdende Kirche hat dem Sakrament allmählich seine Gestalt gegeben, und gerade so unter der Führung des Heiligen Geistes richtig erkannt und richtig in Zeichen dargestellt, was eigentlich sein Wesen ist, was eigentlich der Herr in jener Nacht „eingesetzt“ hat. Gerade wenn man diesen Vorgang der allmählichen Gestaltwerdung des eucharistischen Sakraments durchleuchtet, wird sehr schön der tiefe Zusammenhang von Schrift und Überlieferung verständlich. Ein bloß historischer Rückgriff auf die isoliert genommene Bibel vermittelt uns nicht genügend den Blick auf das Wesentliche; es kommt als solches erst zur Erscheinung im Lebenszusammenhang der Kirche, die die Schrift gelebt und sie so in ihrem tiefsten Wollen verstanden und uns zugänglich gemacht hat.[2]

CHRISTUS
ist seiner Kirche immerdar gegenwärtig,
besonders in den liturgischen Handlungen.

Gegenwärtig ist er im Opfer der Messe
sowohl in der Person dessen,
der den priesterlichen Dienst vollzieht ...
wie vor allem unter den eucharistischen Gestalten.

Gegenwärtig ist er mit seiner Kraft
in den Sakramenten,
so dass, wenn immer einer tauft,
Christus selber tauft.

Gegenwärtig ist er in seinem
WORT,
da er selbst spricht,
wenn die heiligen Schriften
in der Kirche gelesen werden.

Gegenwärtig ist er schließlich,
wenn die Kirche betet und singt,
er, der versprochen hat:
„Wo zwei oder drei versammelt sind
in meinem Namen,
da bin ich mitten unter ihnen."
Mt 18,20

(Zweites Vatikanisches Konzil, Liturgiekonstitution, Nr. 7)

Eröffnung des Gottesdienstes

Im Namen des Vaters und des Sohnes
und des Heiligen Geistes.
– *Amen.*

Gedanken zum Kreuzzeichen

Anselm Grün

Der Schlüssel, der den Gläubigen die Türe zum Raum der Liebe aufschließt, in den sie in der Eucharistie eintreten, ist das Kreuzzeichen. Wenn die frühen Christen sich mit dem Kreuz bezeichneten, drückten sie damit aus, dass sie Gott gehörten und nicht der Welt, dass kein Machthaber über sie herrschen kann. Und es war für sie eine Auszeichnung. Sie ritzten sich in diesem Zeichen die Liebe Christi in ihren Leib ein. Mit dem Kreuzzeichen segnen wir uns. Das deutsche Wort „segnen“ kommt von (lat.) „secare“ = „schneiden, ritzen“. Im Kreuzzeichen berühren wir zuerst die Stirn, dann den Unterbauch, dann die linke und die rechte Schulter. Wir drücken damit aus, dass Jesus Christus alles an uns liebt, das Denken, die Vitalität und Sexualität, das Unbewusste und das Bewusste. Wir beginnen die Eucharistie also mit dem Zeichen der Liebe, um damit schon auszudrücken, worum es eigentlich geht. Es geht in der Messe darum, dass wir Christi

Liebe leibhaft erfahren. Wir verbinden das Kreuzzeichen mit der trinitarischen Formel „Im Namen des Vaters und des Sohnes und des Heiligen Geistes“. Das ist für viele eine Floskel geworden. Aber wir bekennen damit, dass Gott kein ferner und in sich abgeschlossener Gott ist, sondern der Gott, der für uns offen ist, der uns teilnehmen lässt am Kreislauf seiner Liebe. Man könnte diese Formel auch verdeutlichen, indem man sie – ähnlich wie die syrische Kirche – erweitert und so ganz langsam und bewusst sich mit dem Kreuz bezeichnet: „Im Namen des Vaters, der uns ausgedacht und geschaffen hat, und des Sohnes, der in die Tiefe unseres Menschseins hinabgestiegen ist, und des Heiligen Geistes, der das Linke zum Rechten wendet, der das Unbewusste und Unbekannte in uns verwandelt, damit es ausgerichtet wird auf Gott.“[3]

Begrüßung der Gemeinde

Die Gnade unseres Herrn Jesus Christus,
die Liebe Gottes, des Vaters,
und die Gemeinschaft des Heiligen Geistes
sei mit euch.
– *Und mit deinem Geiste.*

Eucharistie ist Sakrament der Einheit

Chiara Lubich

Als Christen müssen wir von der Eucharistie sprechen. Kein Geheimnis unseres Glaubens hat so sehr mit der Einheit zu tun wie die Eucharistie. Sie bringt die Einheit hervor und entfaltet ihren ganzen Gehalt. Durch sie vollendet sich die Einheit der Menschen mit Gott und der Menschen untereinander, die Einheit des ganzen Kosmos mit seinem Schöpfer ...
Er fand eine Art und Weise, durch alle Jahrhunderte zu bleiben, ja, an allen Punkten der Erde gegenwärtig zu sein in dem Moment, der höchster Ausdruck seiner Liebe ist: Opfer und Herrlichkeit, Tod und Auferstehung zugleich. Seine göttliche Phantasie erfand die Eucharistie. Hier erreicht seine Liebe ihren Höhepunkt.[4]

Allgemeines Schuldbekenntnis

– *Ich bekenne vor Gott, dem Allmächtigen, und allen Brüdern und Schwestern, dass ich Gutes unterlassen und Böses getan habe – ich habe gesündigt in Gedanken, Worten und Werken – durch meine Schuld, durch meine Schuld, durch meine große Schuld. Darum bitte ich die selige Jungfrau Maria, alle Engel und Heiligen und euch, Brüder und Schwestern, für mich zu beten bei Gott, unserem Herrn.*

Der allmächtige Gott erbarme sich unser. Er lasse uns die Sünden nach und führe uns zum ewigen Leben.

– *Amen.*

Kyrie, eleison.

– *Christe, eleison.*

Herr, erbarme dich.

– *Christus, erbarme dich.*

Gedanken zu Buße und Umkehr

M. Assumpta Schenkl

Wir wollen uns wieder einmal ganz hell bewusst machen, dass wir eine Wohnung, eine Werkstatt und Sendestation Gottes sind.
Das erste Erfordernis ist sicher, dass die Wohnung unseres Herzen leer sein soll. Ja, wovon denn leer? Nun, im Herzen eines jeden Menschen nisten einige Haltungen, die unseren ganzen Innenraum ausfüllen, so dass Gott kaum ein freies Plätzchen findet. Das sind neben allen unseren Gedankenspielen, Phantasien, Wunschträumen, unserer Neugierde, vor allem drei Haltungen: Das Haben-Wollen, Machen-Wollen, das Sein-Wollen. Alle drei geben Gott keinerlei Raum mehr, weil sie unser Denken und unser Herz ausfüllen. So ergäbe sich wohl für uns alle als ein sehr wichtiges und wirkungsvolles Training in nächster Zeit das Loslassen – das Loslassen in allen drei Bereichen! Wenn wir so für Gott Raum geschaffen haben, dann fehlt noch, dass wir ihm die Wohnung hell, warm und freundlich machen. Das geschieht sicher am besten dadurch, dass wir uns Zeit nehmen für IHN – Augenblicke, Stunden, vielleicht sogar auch einmal einen Tag.
Wir sollten auch „Werkstatt“ Gottes sein. Wenn Gott in uns wohnt, dann bleibt ER sozusagen nicht untätig. ER arbeitet gleichsam an einem kostbaren

Bild. Es gibt eine alte Legende, dass aus einem Marmorblock, den ein Bildhauer bearbeitet, plötzlich eine klagende Stimme kam: „Liebst du mich, und kannst mich schlagen?“ Ja, so fragen auch wir manchmal Gott, wenn ER Dinge zulässt, die uns schmerzen, berauben, bedrängen. Aber wie aus dem Marmorblock keine Pietà werden kann, genauso wenig kann aus uns das Ebenbild Gottes herauswachsen, das in uns angelegt ist, wenn nicht auch Gott gelegentlich den Hammer, den Meißel ansetzt. Der liebende Gott arbeitet an mir, sorglich und liebevoll, um dem Kostbarsten in mir zum Durchbruch, ja, zur Geburt zu verhelfen.
Hierher gehört auch der Gedanke, Sendestation Gottes zu sein: jeder hat einen Sendungsauftrag, auch Sie. Jeder von uns soll „ansteckend“ sein, nicht von einer Krankheit, sondern von innerer Gesundheit, Freude, Leben, ja Fülle des Lebens, wie Christus sie verheißt. Gottes freundliche, unaufdringliche, gewaltlose und liebenswürdige Ausstrahlung soll spürbar werden aus uns.[5]

Gloria

Ehre sei Gott in der Höhe
und Friede auf Erden
den Menschen seiner Gnade.
Wir loben dich,
wir preisen dich,
wir beten dich an,
wir rühmen dich und danken dir,
denn groß ist deine Herrlichkeit:
Herr und Gott, König des Himmels,
Gott und Vater, Herrscher über das All,
Herr, eingeborener Sohn, Jesus Christus.
Herr und Gott,
Lamm Gottes, Sohn des Vaters,
du nimmst hinweg die Sünde der Welt:
erbarme dich unser;
du nimmst hinweg die Sünde der Welt:
nimm an unser Gebet;
du sitzest zur Rechten des Vaters:
erbarme dich unser.
Denn du allein bist der Heilige,
du allein der Herr,
du allein der Höchste: Jesus Christus,
mit dem Heiligen Geist,
zur Ehre Gottes des Vaters. Amen.

Ehre sei Gott in der Höhe

Thomas von Aquin

Gottheit tief verborgen, betend nah ich dir.
Unter diesen Zeichen bist du wahrhaft hier.
Sieh, mit ganzem Herzen schenk ich dir mich hin,
weil vor solchem Wunder ich nur Armut bin.

Augen, Mund und Hände täuschen sich in dir,
doch des Wortes Botschaft offenbart dich mir.
Was Gott Sohn gesprochen, nehm ich glaubend an;
er ist selbst die Wahrheit, die nicht trügen kann.

Einst am Kreuz verhüllte sich der Gottheit Glanz,
hier ist auch verborgen deine Menschheit ganz.
Beide sieht mein Glaube in dem Brote hier;
wie der Schächer ruf ich, Herr, um Gnad zu dir.

Kann ich nicht wie Thomas schaun die Wunden rot,
bet ich dennoch gläubig: „Du, mein Herr und Gott!"
Tief und tiefer werde dieser Glaube mein,
fester lass die Hoffnung, treu die Liebe sein.

Denkmal, das uns mahnet an des Herren Tod!
Du gibst uns das Leben, o lebendig Brot.
Werde gnädig Nahrung meinem Geiste du,
dass er deine Wonnen koste immerzu.

Gleich dem Pelikane starbst du, Jesu mein;
wasch in deinem Blute mich von Sünden rein.
Schon ein kleiner Tropfen sühnet alle Schuld,
bringt der ganzen Erde Gottes Heil und Huld.

Jesus, den verborgen jetzt mein Auge sieht,
stille mein Verlangen, das mich heiß durchglüht:
lass die Schleier fallen einst in deinem Licht,
dass ich selig schaue, Herr, dein Angesicht. Amen.

Wort des lebendigen Gottes.
– *Dank sei Gott.*

Die Frage nach der Wahrheit über uns

Anselm Grün

Um das Annehmen geht es auch im gesamten Wortgottesdienst. Die Lesungen und das Evangelium wollen uns sagen, wer wir eigentlich sind. Nicht die Frage, was wir tun sollen oder wer wir eigentlich sein sollten, sondern die Frage, wer wir in Wahrheit sind, steht bei den Lesungen im Mittelpunkt.
Wenn wir an die Lesungen mit der Frage nach unsrem Tun herangehen, geraten wir in Gefahr, zu moralisieren und ein schlechtes Gewissen zu erzeugen. Die zweite Frage führt leicht zum Idealisieren oder – wie Watzlawick sagt – zur utopischen Lösung. Wir steigern uns dann in Gefühle hinein, wer wir als Christen eigentlich sein sollten. Wir schildern in den schönsten Farben christliche Ideale. Diese sind aber so hoch, dass sie unser Leben nicht verändern.
In den Lesungen geht es um die Frage, wer wir in Wahrheit sind. Wir kommen in die Eucharistie oft

mit einem falschen Selbstverständnis. Wir verstehen uns als die, die gemessen werden an ihrer Leistung, als die, die in guten oder schlechten Beziehungen stehen. Unsere Grundstimmung ist davon abhängig, was Menschen von uns halten und wie sie über uns sprechen. Und sie wird davon geprägt, ob wir unseren eigenen Erwartungen gerecht werden oder nicht. In den Lesungen will uns Gott sagen, wer wir wirklich sind, dass das Geheimnis unseres Lebens tiefer liegt, dass wir vor Gott wertvoll sind, dass Gott selbst in uns wohnt. Im Hören der Lesung sollen wir uns hineinspüren in das Geheimnis unserer Existenz.

Die Würde und das Licht unseres Lebens soll uns aufgehen. Graf Dürckheim meinte einmal, es gäbe viele Menschen, die ihren Schatten verdrängen. Aber es gäbe auch viele, die ihr Licht verdrängen. Der Wortgottesdienst will uns helfen, dass wir uns annehmen auch mit unserem Licht, auch mit unserer unantastbaren Würde.[6]

Zwischengesang – Hallelujaruf

„Herr, du hast Worte ewigen Lebens."

Die Schrift erschließt unser Leben

Aus der Regel des hl. Augustinus

„Er sagte zu mir: Menschensohn, iss, was du vor dir hast. Iss diese Rolle! Dann geh, und rede zum Haus Israel! [2] Ich öffnete meinen Mund, und er ließ mich die Rolle essen. Ich aß sie, und sie wurde in meinem Mund süß wie Honig. [4] Er sagte zu mir: Geh zum Haus Israel, Menschensohn, und sprich mit meinen Worten zu ihnen! [10] Er sagte zu mir: Menschensohn, nimm alle meine Worte, die ich dir sage, mit deinem Herzen auf, und höre mit deinen Ohren!" (vgl. Ez 3,1-10).

Vom Beginn bis zum Ende der Mahlzeit sollt ihr aufmerksam der üblichen Lesung zuhören, ohne euch dabei lauthals zu äußern oder gegen die Worte der Heiligen Schrift Protest zu erheben. Denn nicht nur mit dem Mund sollt ihr euren Hunger stillen, auch eure Ohren sollen nach dem Wort Gottes hungern.

Evangelium

Aus dem heiligen Evangelium nach ...
– *Ehre sei dir, o Herr.*
Evangelium unseres Herrn Jesus Christus.
– *Lob sei dir, Christus.*

Ohne das Wort bleiben wir kleinkarierte Menschen

Henri J. M. Nouwen

Das Wort der Eucharistie lässt uns zu einem lebendigen Glied in der großen Heilsgeschichte werden. Unsere kleinen Geschichten werden in Gottes große Geschichte hineingehoben und erhalten darin ihren einmaligen Platz. Das Wort richtet uns auf und öffnet uns die Augen dafür, dass unser alltägliches, gewöhnliches Leben in Wirklichkeit ein geheiligtes Leben ist, das eine notwendige Rolle bei der Einlösung der Verheißungen Gottes spielt. (...) Ohne das Wort, das uns immer wieder aufrichtet, indem es uns zu Bewusstsein bringt, dass wir Gottes auserwähltes Volk sind, bleiben oder werden wir kleinkarierte Menschen, die im Sumpf ihrer kleinlichen Beschwerden steckenbleiben, die der tägliche Kampf ums Überleben mit sich bringt.

Ohne das Wort, das unsere Herzen brennen macht, können wir kaum mehr tun, als heimzugehen und zu dem resignierten Schluss zu kommen, es gebe nichts Neues unter der Sonne.
Ohne das Wort hat unser Leben wenig Sinn, wenig Vitalität und wenig Energie.
Ohne das Wort bleiben wir kleinkarierte Menschen mit kleinkarierten Sorgen, die ein kleinkariertes Leben führen und einen kleinkarierten Tod sterben.
Ohne das Wort mögen wir zwar einen oder zwei Tage lang eine Notiz in der Lokalzeitung oder sogar in einem überregionalen Blatt wert sein, aber auf keinen Fall werden uns „selig preisen alle Geschlechter".
Ohne das Wort löschen unsere aus dem größeren Zusammenhang gelösten Schmerzen und Kümmernisse allzu leicht den Geist in uns aus und lassen uns zu Opfern der Bitterkeit und des Grolls werden.
Wir brauchen das Wort, das uns der zuspricht, der sich uns auf dem Weg anschließt und uns seine Gegenwart spüren lässt. Diese Gegenwart spüren wir dann, wenn unser Herz brennt. Diese Gegenwart ermutigt uns, unsere verhärteten Herzen zu öffnen und dankbar zu werden. Als dankbare Menschen können wir den, der unsere Herzen in Brand gesteckt hat, in die Vertrautheit unseres Hauses einladen.[7]

Credo – Großes Glaubensbekenntnis

Wir glauben an den einen Gott,
den Vater, den Allmächtigen,
der alles geschaffen hat, Himmel und Erde,
die sichtbare und die unsichtbare Welt.
Und an den einen Herrn Jesus Christus,
Gottes eingeborenen Sohn,
aus dem Vater geboren vor aller Zeit:
Gott von Gott, Licht vom Licht,
wahrer Gott vom wahren Gott.
Gezeugt, nicht geschaffen,
eines Wesens mit dem Vater;
durch ihn ist alles geschaffen.
Für uns Menschen und zu unserem Heil
ist er vom Himmel gekommen,
hat Fleisch angenommen
durch den Heiligen Geist
von der Jungfrau Maria
und ist Mensch geworden.
Er wurde für uns gekreuzigt
unter Pontius Pilatus,
hat gelitten und ist begraben worden,
ist am dritten Tage auferstanden
nach der Schrift
und aufgefahren in den Himmel.
Er sitzt zur Rechten des Vaters
und wird wiederkommen in Herrlichkeit,

zu richten die Lebenden und die Toten;
seiner Herrschaft wird kein Ende sein.
Wir glauben an den Heiligen Geist,
der Herr ist und lebendig macht,
der aus dem Vater und dem Sohn hervorgeht,
der mit dem Vater und dem Sohn
angebetet und verherrlicht wird,
der gesprochen hat durch die Propheten,
und die eine, heilige, katholische
und apostolische Kirche.
Wir bekennen die eine Taufe
zur Vergebung der Sünden.
Wie erwarten die Auferstehung der Toten
und das Leben der kommenden Welt. Amen.

Schöpfung, Erlösung als Werk des dreieinigen Gottes

Romano Guardini

In Christus sind wir durch ein neues, über alle Natur hinausgehendes Band vereinigt worden. In ihm sind wir durch das Gnadenwirken des Heiligen Geistes wiedergeboren zur geheimnisvollen Teilnahme an der gleichen göttlichen Natur (vgl. 1 Petr 1,4), sind Christi Geschwister, des Vaters Kinder, und der Heilige Geist ist unser aller Führer und Freund.[8]

Fürbitten

Wir bitten dich, erhöre uns.
Christus, höre uns – Christus, erhöre uns.

Wir bitten für die Familien in der Gemeinde, damit sie nicht nur heute, sondern auch im Alltag spüren, dass viele mittragen und mit ihnen nach vertrauensvollen Schritten suchen.

Wir bitten für die Ehepaare, damit es ihnen gelingt, einander Beheimatung zu schenken, damit auch andere sich bei ihnen wohl fühlen.

Wir bitten für uns alle, schenke uns offene und gastfreundliche Herzen, damit wir einander im Vertrauen in das Leben bestärken können.

Wir denken an die Menschen, die enttäuscht und betrogen werden, die nicht mehr an das Gute im Menschen glauben, dass sie neues Vertrauen schöpfen können.

Wir denken an alle Heimatlosen, Flüchtlinge, die sich nach offenen Türen und Herzen sehnen, lass sie durch uns deine Treue erfahren.

Wir denken an die Menschen, die einsam und allein sind. Schenke ihnen Menschen, die sie gern haben und sie verstehen.

Wir beten für unsere Verstorbenen, dass sie bei dir ihre Heimat finden und mit ihrer Fürbitte auch für uns eintreten.

(Fürbitten einer Gemeinde)

Fürbitte bereitet auf Hingabe vor

Joachim Kardinal Meisner

Franz Gajowniczek, für den der heilige Maximilian Kolbe sein Leben geopfert hat, hat geäußert, dass in den Tagen, da sein Retter im Hungerbunker dem Tod entgegenging, für ihn das Verständnis ganz deutlich geworden sei, was es heiße, Christus hat für uns sein Leben geopfert. Gibt es nicht auch heute genug Beispiele opferbereiter Hingabe? Ist stellvertretende Hingabe nicht das Wesen echter schenkender Liebe? Wir dürfen nicht versuchen, das Kreuzesgeschehen zu erklären und seine eucharistische Vergegenwärtigung zu vollziehen, ohne die Lehre vom Opfer des menschgewordenen Gottessohnes deutlich herauszustellen. Gerade in einer Welt, die „bis auf den heutigen Tag seufzt und in Geburtswehen liegt" (Röm 8,22), die von Angst vor Krieg und Gewalt geplagt wird, ist es ein Trost zu wissen, dass „sooft das Gedächtnis (die Vergegenwärtigung) dieses Opfers gefeiert wird, sich das Werk unserer Erlösung vollzieht" (Gebet zur Gabenbereitung am Abend des Gründonnerstags).[9]

Eucharistiefeier – die Mahlfeier

Einleitendes

Henri J. M. Nouwen

Das Wort „Eucharistie“ heißt genau übersetzt: „Akt der Danksagung“. Die Eucharistie zu feiern und ein eucharistisches Leben zu führen, hat also viel mit Dankbarkeit zu tun. Eucharistisch leben heißt, das Leben als Geschenk leben, als Geschenk, für das man dankbar ist.

Aber die Dankbarkeit ist nicht die naheliegendste Reaktion auf das Leben, zumal dann nicht, wenn wir das Leben als eine Abfolge von Verlusten erfahren! Trotzdem: das große Geheimnis, das wir in der Eucharistie feiern und in einem eucharistischen Leben verwirklichen, ist genau dies: dass wir aus der Trauer über unsere Verluste lernen, dass das Leben ein Geschenk ist. Die Schönheit und Kostbarkeit des Lebens ist ganz und gar mit seiner Zerbrechlichkeit und Sterblichkeit verwoben. Wir können das tagtäglich erfahren – wenn wir eine Blume in die Hand nehmen, wenn wir einen Säugling liebkosen. Immer sind dabei die Zerbrechlichkeit und der Geschenk-Charakter im Spiel, und unsere Freude hängt mit beiden zusammen.[10]

In der Eucharistie gibt Jesus alles. Das Brot ist nicht nur ein Zeichen seines Wunsches, unsere Nahrung zu werden, der Becher nicht nur ein Zeichen seiner Bereitschaft, unser Trank zu sein. Brot und Wein *werden* im Geben sein Leib und sein Blut. Ja, das Brot ist sein Leib, gegeben für uns, der Wein ist sein Blut, ausgegossen für uns. So wie Gott für uns in Jesus voll und ganz gegenwärtig wird, so wird Jesus für uns im Brot und Wein der Eucharistie voll und ganz gegenwärtig. Gott ist nicht nur vor vielen Jahren in einem fremden Land Fleisch geworden. Gott wird auch für uns in diesem gegenwärtigen Augenblick der Eucharistiefeier Speise und Trank, dort, wo wir miteinander um den Tisch versammelt sind.

Gott hält nichts zurück. Gott gibt alles.
Das ist das Geheimnis der Eucharistie.
Die Fleischwerdung und die Eucharistie sind die beiden Ausdrucksformen der unermesslichen, sich selbst gebenden Liebe Gottes. So sind das Opfer am Kreuz und das Opfer auf dem Tisch ein und dasselbe Opfer, das eine vollständige Sich-selbst-Geben Gottes, das sich an die ganze Menschheit in Zeit und Raum richtet.
Das Wort, das am besten dieses Geheimnis der völlig sich selbst gebenden Liebe Gottes zum Ausdruck bringt, ist das Wort „Kommunion". Dieses Wort enthält die Wahrheit, dass Gott in und durch

Jesus uns nicht nur belehren, unterweisen und inspirieren, sondern dass er eins mit uns werden möchte. (...)
Die ganze lange Geschichte der Beziehung Gottes zu uns Menschen ist die Geschichte einer sich immer mehr vertiefenden Kommunion.[11]

Gabenbereitung
Zurüstung des Altars

Gepriesen bist du, Herr, unser Gott, Schöpfer der Welt. Du schenkst uns das Brot, die Frucht der Erde und der menschlichen Arbeit. Wir bringen dieses Brot vor dein Angesicht, damit es uns das Brot des Lebens werde.

– Gepriesen bist du in Ewigkeit, Herr, unser Gott.

Wie das Wasser sich mit dem Wein verbindet zum heiligen Zeichen, so lasse uns dieser Kelch teilhaben an der Gottheit Christi, der unsere Menschennatur angenommen hat.

Gepriesen bist du, Herr, unser Gott, Schöpfer der Welt. Du schenkst uns den Wein, die Frucht des Weinstocks und der menschlichen Arbeit. Wir bringen diesen Kelch vor dein Angesicht, damit er uns der Kelch des Heiles werde.

– Gepriesen bist du in Ewigkeit, Herr, unser Gott.

Herr, wir kommen zu dir mit reumütigem Herzen und mit demütigem Sinn. Nimm uns an und gib, dass unser Opfer dir gefalle.

Herr, wasche ab meine Schuld, von meinen Sünden mache mich rein.

Gabe des Blutes, Gabe des Lebens

Weihbischof Gerhard Feige

„Manche Texte der Heiligen Schrift über die Eucharistie machen eine Annäherung an dieses große und umfassende Geheimnis auf den ersten Blick nicht gerade einfach. Eigenartig, geradezu peinlich kann es beispielsweise anmuten, wie unser Glaube im Hebräerbrief (5,11-15) massiv mit dem Begriff ‚Blut' in Verbindung gebracht wird. Was bedeutet es, wenn wir den Leib und das Blut Christi feiern? Müssen wir uns dessen schämen? Oder gehört der Begriff ‚Blut' nicht auch zutiefst in unsere moderne Erfahrungswelt? Wofür steht er? Was verbindet sich mit ihm? Wir können unsere Welt schönreden, soviel wir wollen, es geht in ihr nach wie vor blutig zu, manchmal sogar bestialisch ... Wenn Blut vergossen wird oder verströmt, geht es um Leben und Tod. Und so halten wir Christen auch die Erinnerung an den gewaltsamen Tod Jesu Christi am Kreuz wach. Blut ist flüssiges Leben, und Leben ist nur in Verbindung mit strömendem Blut möglich. In der Eucharistie wird deutlich, wer unser Lebensquell, Ernährer und Retter ist. In den Gestalten von Brot und Wein tritt er ganz konkret und sinnlich in unser Leben und will uns zur Speise und zum Trank werden. Wir glauben, dass sich hierin die ganze Lebenshingabe Jesu verdichtet. Auch wenn wir nur das Brot empfangen oder nur aus dem Kelch trinken, werden wir doch voll und ganz mit Christus und seinem Opfer verbunden. Zugleich bewirkt das eucharistische Mahl aber auch Gemeinschaft untereinander. So wie Christus sein Blut vergießt und sein Leben mit uns teilt, sollen auch wir unser Leben miteinander teilen und uns zum Segen werden. Blut – das kann an Tod und Opfer erinnern; für uns ist dieser Begriff aber letztlich mit Leben, Hoffnung und Heil verbunden."[12]

Einladung zum Gabengebet

Lasset uns beten zu Gott, dem allmächtigen Vater, dass er die Gaben der Kirche annehme zu seinem Lob und zum Heil der ganzen Welt.

oder

Betet, Brüder und Schwestern, dass mein und euer Opfer Gott, dem allmächtigen Vater, gefalle.

– *Der Herr nehme das Opfer an aus deinen Händen zum Lob und Ruhm seines Namens, zum Segen für uns und seine ganze heilige Kirche.*

Alles kann gewandelt werden

Anselm Grün

Und alles kann verwandelt werden in die menschgewordene Liebe, die alles durchdringen möchte. In einem Traum wurde mir einmal deutlich, dass in den Gaben von Brot und Wein unser ganzes Leben verwandelt wird. Ich träumte, dass ich zusammen mit unserem Abt die Hl. Messe feierte. Wir vollzogen unsere eigenen Riten. Bei der Gabenbereitung hielten wir unsere Uhren über die Gaben von Brot und Wein, damit die hektische Zeit, unsere Unruhe, unsere Probleme, unsere Zerrissenheit, unsere Sorgen ... alles verwandelt wird.[13]

Feiere deine Messe

Chiara Lubich

Wenn du leidest, und dein Leiden ist so groß, dass es dich an jeder Tätigkeit hindert, dann erinnere dich an die Messe. In der Messe, heute wie damals, arbeitet Jesus nicht, er predigt nicht: Jesus opfert sich aus Liebe.

Im Leben kann man viele Dinge tun, viele Worte sagen, aber die Stimme des Schmerzes, vielleicht ungehört und unbemerkt von den anderen, des Schmerzes aus Liebe geopfert, ist das stärkste Wort: es erschüttert den Himmel.

Wenn du leidest, tauche deinen Schmerz in den seinen: Feiere deine Messe! Und wenn viele Menschen diese Dinge nicht verstehen, lass dich nicht verwirren. Es genügt, dass dich Jesus, Maria, die Heiligen verstehen. Lebe mit ihnen, und lass dein Blut fließen zum Segen der Menschheit – wie er.[14]

Präfation und Sanctus

Der Herr sei mit euch.
– *Und mit deinem Geiste.*
Erhebet die Herzen.
– *Wir haben sie beim Herrn.*
Lasset uns danken dem Herrn, unserm Gott.
– *Das ist würdig und recht.*

In Wahrheit ist es würdig und recht, dir, Herr, heiliger Vater, immer und überall zu danken durch deinen geliebten Sohn Jesus Christus. Er ist dein Wort, durch ihn hast du alles erschaffen. Ihn hast du gesandt als unseren Erlöser und Heiland: Er ist Mensch geworden durch den Heiligen Geist, geboren von der Jungfrau Maria. Um deinen Ratschluss zu erfüllen und dir ein heiliges Volk zu erwerben, hat er sterbend die Arme ausgebreitet am Holze des Kreuzes. Er hat die Macht des Todes gebrochen und die Auferstehung kundgetan. Darum preisen wir dich mit allen Engeln und Heiligen und singen vereint mit ihnen das Lob deiner Herrlichkeit:

– *Heilig, heilig, heilig*
Gott, Herr aller Mächte und Gewalten.
Erfüllt sind Himmel und Erde
von deiner Herrlichkeit.
Hosanna in der Höhe.
Hochgelobt sei, der da kommt im Namen des Herrn.
Hosanna in der Höhe.

Heilig, heilig, heilig

Johannes Chrysostomus

Allein Du, Herr, bist heilig!
Heilige auch meinen Leib und meine Seele,
Geist und Herz,
meine Gefühle und mein Empfinden.
Mach mich neu, ganz!
Erfülle mit Ehrfucht mein Inneres
und mit deiner Heiligkeit.
Sei Schutz und Hilfe für mich,
führe mich Wege des Friedens,
dass ich bei deinen Heiligen
einmal an deiner rechten Seite Platz nehmen darf.
So vertraue ich auf die Fürsprache
der heiligen Gottesmutter,
aller Engel, die dir allein dienen,
und von all denen, die vom Beginn der Zeit
zu den Heiligen deiner Erwählung gehören.

Lobpreis / Wandlungsbitte / Einsetzungsbericht

Ja, du bist heilig, großer Gott, du bist der Quell aller Heiligkeit.
Darum bitten wir dich:
Sende deinen Geist auf diese Gaben herab und heilige sie, damit sie uns werden Leib und Blut deines Sohnes, unseres Herrn Jesus Christus.
Denn am Abend, an dem er ausgeliefert wurde und sich aus freiem Willen dem Leiden unterwarf, nahm er das Brot und sagte Dank, brach es, reichte es seinen Jüngern und sprach:

Nehmet und esset alle davon: Das ist mein Leib, der für euch hingegeben wird.

Ebenso nahm er nach dem Mahl den Kelch, dankte wiederum, reichte ihn seinen Jüngern und sprach:

Nehmet und trinket alle daraus: Das ist der Kelch des neuen und ewigen Bundes, mein Blut, das für euch und für alle vergossen wird zur Vergebung der Sünden. Tut dies zu meinem Gedächtnis.

Geheimnis des Glaubens:
– *Deinen Tod, o Herr, verkünden wir,*
und deine Auferstehung preisen wir,
bis du kommst in Herrlichkeit.

Die Gegenwart des Herrn in Brot und Wein

Gertrud von Helfta

Oh mein Jesus, ja, ich glaube, dass du hier in Brot und Wein gegenwärtig bist und unter uns wohnst, dass du hier wahrhaft, wirklich und wesentlich gegenwärtig bist, mit Fleisch und Blut, mit Leib und Seele, Gottheit und Menschheit, wie du im Himmel zur Rechten deines Vaters bist. Und ich glaube dieses, weil die heilige Kirche, die du gestiftet hast, solches lehrt und zu glauben vorstellt. Im Licht dieses Glaubens sehe ich dich hier unter den beiden Gestalten von Wein und Brot, wie du voll von Liebe erwartest, dass alle, die an dich glauben, zu dir kommen, dich heimsuchen, um dich anzubeten und zu empfangen, dir Liebe und Dank zu erweisen und um von dir viele und große Gnaden zu erlangen.
O verschmähe nicht die Huldigung eines so armseligen Geschöpfes, wie ich bin, und erhöre mein Flehen, das ich an dein heiligstes, liebevolles Herz richte. Amen.[15]

Gedächtnis/Bitte um Gemeinschaft/ Abschließender Lobpreis

Darum, gütiger Vater, feiern wir das Gedächtnis des Todes und der Auferstehung deines Sohnes und bringen dir so das Brot des Lebens und den Kelch des Heiles dar. Wir danken dir, dass du uns berufen hast, vor dir zu stehen und dir zu dienen. Wir bitten dich: Schenke uns Anteil an Christi Leib und Blut, und lass uns eins werden durch den Heiligen Geist.
Gedenke deiner Kirche auf der ganzen Erde und vollende dein Volk in der Liebe, vereint mit unserem Papst N., unserem Bischof N. und allen Bischöfen, unseren Priestern und Diakonen und mit allen, die zum Dienst in der Kirche bestellt sind.
Gedenke aller unserer Brüder und Schwestern, die entschlafen sind in der Hoffnung, dass sie auferstehen. Nimm sie und alle, die in deiner Gande aus dieser Welt geschieden sind, in dein Reich auf, wo sie dich schauen von Angesicht zu Angesicht.
Vater, erbarme dich über uns alle, damit uns das ewige Leben zuteil wird in der Gemeinschaft mit der seligen Jungfrau und Gottesmutter Maria, mit deinen Aposteln und mit allen, die bei dir Gnade gefunden haben von Anbeginn der Welt, dass wir dich loben und preisen durch deinen Sohn Jesus Christus.
Durch ihn und mit ihm und in ihm ist dir, Gott, allmächtiger Vater, in der Einheit des Heiligen Geistes alle Herrlichkeit und Ehre jetzt und in Ewigkeit! Amen.

Demut als Weg zur Vereinigung mit dem anwesenden Christus

Franziskus von Assisi

Der ganze Mensch erschauere,
die Welt erbebe ganz und gar
und der Himmel breche aus in Jubel,
wenn auf dem Altar
in der Hand des Priesters Christus,
der Sohn des lebendigen Gottes, ist!
O wundervolle Hoheit!
O staunenswerte Herablassung!
O erhabene Demut!
O demütige Erhabenheit, dass der Herr des Alls,
Gott und Gottes Sohn, sich erniedrigt,
dass er sich zu unserem Heil
unter der Gestalt des Brotes verbirgt!
Seht die Demut Gottes
und schüttet vor ihm euer Herz hin!
Werdet auch ihr demütig,
damit ihr erhört werdet von ihm!
Behaltet darum nichts zurück,
damit der euch ganz aufnehme,
der sich euch ganz gibt![16]

Kommunion
Gebet des Herrn

Lasset uns beten, wie der Herr uns zu beten gelehrt hat:

– *Vater unser im Himmel,*
geheiligt werde dein Name.
Dein Reich komme.
Dein Wille geschehe,
wie im Himmel so auf Erden.
Unser tägliches Brot gib uns heute.
Und vergib uns unsere Schuld,
wie auch wir vergeben unseren Schuldigern.
Und führe uns nicht in Versuchung,
sondern erlöse uns von dem Bösen.

Erlöse uns, Herr, allmächtiger Vater, von allem Bösen und gib Frieden in unseren Tagen. Komm uns zu Hilfe mit deinem Erbarmen und bewahre uns vor Verwirrung und Sünde, damit wir voll Zuversicht das Kommen unseres Erlösers Jesus Christus erwarten.

– *Denn dein ist das Reich und die Kraft*
und die Herrlichkeit in Ewigkeit. Amen.

Abba, Vater

Reinhard Körner

Kein Gebet ist so bekannt wie das Vaterunser. Übersetzt in mehr als eintausendzweihundert Sprachen, beten es rund um den Erdball alle christlichen Kirchen. Generationen haben mit diesen Worten Jesu gelebt, sie in Freud und Leid mit tiefer Andacht gesprochen, feierlich im Gottesdienst gesungen und sicherlich – nicht anders als ich – oftmals nur gedankenlos dahergesagt.[17]

Als im 9. Jh. die Mönche von St. Gallen (Schweiz) das Paternoster ins Alemannische übertrugen, folgten sie in ihrer Übersetzung genau der lateinischen Wortstellung. Noch heute beten daher einige Konfessionen im deutschen Sprachraum: „Vater unser ...“. Andere sprechen inzwischen lieber vom Unser Vater.

Doch wie auch immer wir es nennen: Das Gebet Jesu erschließt sich nur dem, der sich Zeit und Muße nimmt, den Worten auf den Grund zu gehen. Es will durchdacht und meditiert werden. Erst dann wird es im Herzen des Beters Gebet sein. Nikolaus von Flüe zum Beispiel (gest. 1497), der Nationalheilige der Schweiz, hat sich, während er zu Fuß zum Kloster Einsiedeln wallfahrtete, zu einem einzigen Vaterunser vier Tage Zeit genommen. Und die spanische Karmelitin Teresa von Ávila (gest. 1582), der die Autorität einer Kirchenlehrerin zuerkannt wurde, gab ihren Schwestern diesen Rat:

Meditierend beten

Teresa von Ávila

Gut ist es, sich vor Augen zu halten,
dass jede(r) Einzelne das Vaterunser
von Jesus lernt, dass er selbst
uns darin unterweist ...
Auch wenn wir in einer Stunde
nicht mehr als
ein einziges Vaterunser beten,
so genügt ihm das
– wenn wir nur daran denken,
dass wir bei ihm sind,
und die Worte, die wir sprechen,
auch verstehen.
Wenn wir nur wüssten,
wie gern er uns beschenkt und
welche Freude es ihm bereitet,
bei uns zu sein!
Er will nicht, dass wir
mit dauerndem Reden
unseren Geist ermüden.
Möge der Herr euch
in diese Art zu beten einführen,
soweit ihr sie noch nicht kennt!

Friedensbitte und Friedensgruß

Der Herr hat zu seinen Aposteln gesagt: Frieden hinterlasse ich euch, meinen Frieden gebe ich euch. Deshalb bitten wir: Herr Jesus Christus, schau nicht auf unsere Sünden, sondern auf den Glauben deiner Kirche und schenke ihr nach deinem Willen Einheit und Frieden.

Der Friede des Herrn sei allezeit mit euch.

– *Und mit deinem Geiste.*

Eucharistie ist ein kosmisches Geschehen, das alle Bereiche berührt.

An der Schwelle dieses neuen Jahrtausends tauchen Fragen und Hoffnungen, Licht und Schatten auf; es ist der ewige Kampf der Finsternis, das Licht zu verdunkeln. Der Erlöser ist bereits gekommen, und seine Gegenwart in der Eucharistie ist eine Garantie der Erlösung für uns und für die Geschichte ... Es ist eine wahre Freude, das Wachsen vieler kirchlicher Bewegungen und das verheißungsvolle Erwachen des geistlichen Lebens beobachten zu können. Jesus nachzufolgen ist weiterhin die Antwort vieler Frauen und Männer in der Welt ...

Die Kirche spricht oft von der Kultur des Lebens, zeigt uns den unvergleichlichen Wert eines jeden Menschen ... In jeder Begegnung mit der Eucharistie erinnert uns Jesus: Achte, verteidige, liebe das Leben! ...
Das eucharistische Brot und der eucharistische Wein, Frucht der Natur und der Arbeit des Menschen, stellen im Grunde genommen die Sehnsucht dar, die ganze Schöpfung zur Fülle zu bringen, die seufzt und in Geburtswehen liegt und die Erlösung erwartet (vgl. Röm 8,22).[18]
Brot und Wein dienen dazu, das natürliche Leben zu erhalten. Wenn wir das eucharistische Brot nicht essen, ernähren wir analog dazu nicht das Leben, das wir in der Taufe erhalten haben. Es ist das Leben, das immer vollkommener wird, weil durch die Eucharistie die Tugenden wachsen und alle Gaben des Geistes gefördert werden, um der Erlösung, für die sie eingesetzt wurde, teilhaftig zu machen.
Im Gegensatz zum natürlichen Leben hat das Leben der Gnade keine Grenzen.[19]

Aus dem Grundsatzdokument
zum 48. Eucharistischen Weltkongress

Brechung des Brotes

Das Sakrament des Leibes und Blutes Christi
schenke uns ewiges Leben.

- *Lamm Gottes,*
  du nimmst hinweg die Sünde der Welt:
  erbarme dich unser.
- *Lamm Gottes,*
  du nimmst hinweg die Sünde der Welt:
  erbarme dich unser.
- *Lamm Gottes,*
  du nimmst hinweg die Sünde der Welt:
  gib uns deinen Frieden.

Herr Jesus Christus, Sohn des lebendigen Gottes, dem Willen des Vaters gehorsam, hast du im Heiligen Geist durch deinen Tod der Welt das Leben geschenkt. Erlöse mich durch deinen Leib und dein Blut von allen Sünden und allem Bösen. Hilf mir, dass ich deine Gebote treu erfülle, und lass nicht zu, dass ich jemals von dir getrennt werde.

Ein Freund der Menschen

Johannes Chrysostomus

Herr und Gott, ich bin nicht würdig,
dass du eingehest unter mein Dach;
aber du bist ein Freund der Menschen
und willst in mir Wohnung nehmen:
so nähere ich mich dir mit Vertrauen.
Du weist mir den Weg, und ich will mich dir öffnen,
denn du hast mich geschaffen.
Mit deiner Güte kehrst du bei uns ein.
Du leuchtest in der Finsternis meines Geistes;
ich glaube, dass du dies vollbringen wirst,
denn die weinende Sünderin
hast du nicht zurückgewiesen,
und auch den reumütigen Zöllner nicht,
noch den Schächer, der seinen Glauben
an dein Reich bekannte,
und ebensowenig den, der dich verfolgte.
Alle, die sich voll Reue an dich wandten,
hast du als deine Freunde aufgenommen.
Du allein seist gepriesen zu aller Zeit,
jetzt und in alle Ewigkeit.[20]

Einladung zur Kommunion und Kommunionspendung

Seht das Lamm Gottes,
das hinwegnimmt die Sünde der Welt.
– *Herr, ich bin nicht würdig,*
dass du eingehst unter mein Dach,
aber sprich nur ein Wort,
so wird meine Seele gesund.

Selig, die zum Hochzeitsmahl
des Lammes geladen sind.

Der Leib Christi.
– *Amen.*
Das Blut Christi.
– *Amen.*

Seht das Lamm Gottes

Petrus Damianus

Herr Jesus, du bist das wahre Licht.
Zu dir bete ich.
Warum setzt du mich der Finsternis aus?
Bin ich doch ein armer Mensch:
ich verehre nicht das Licht,
ich liebe die Finsternis.
In Liebe will ich der Wahrheit dienen,
trotzdem sind meine Gedanken nichtig und leer.
Herr, du leuchtetest in die Tiefen der Unterwelt hinab
mit einem Strahl deiner Gottheit;
sieh auf dieses finstere Chaos meines Herzens herab,
erfülle es mit dem Licht deiner Gegenwart,
dass der Urheber alles Bösen die Seele
nicht in der geheimnisvollen Dunkelheit gefangen hält;
denn du hast sie für die Erlösung vorherbestimmt.
Du hast den erleuchtet, der blind geboren war:
Mache auch mich neu sehend!
Den Leprakranken hast du geheilt: Läutere mich!
Dem Lazarus hast du neues Leben geschenkt:
Befreie mich von den schlimmen Gewohnheiten,
sie wiegen schwer!
Du bist der Vater des Lichtes;
Alles Gute nimmt bei dir seinen Anfang,
und jedes vollkommene Geschenk kommt von dir.
Der Quell des Lebens bist du,
Urheber des ewigen Heils.[21]

Dank und Schlussgebet

Ich danke dir für all deine Gaben

Basilius von Cäsarea

Jesus Christus, Gott und Herr,
du König der Zeiten und du Schöpfer des Alls.
Ich danke dir für all deine Gaben,
mit denen du mich beschenkt hast,
und dafür, das ich teilhaben durfte an deinen
heiligen und Leben spendenden Geheimnissen.
Ich bitte dich, guter, menschenfreundlicher Gott:
Beschütze alle Tage meines Lebens, beschütze mich
und lass mich deine heiligen Geheimnisse immer
mit reinem, würdigem Herzen empfangen.
Verzeih mir meine Sünden alle
und schenke mir ewiges Leben;
du bist das Brot des Lebens
und der Quell aller Heiligkeit.
Du erfüllst uns mit deinen Gaben;
wir verherrlichen dich in der Gemeinschaft
mit dem Vater und dem Heiligen Geist,
jetzt und allezeit und in Ewigkeit.[22]

Brüderliche Gemeinschaft

Chiara Lubich

Die Eucharistie bewirkt die Gemeinschaft unter den Brüdern.
Wenn die Eucharistie uns untereinander eins macht, ergibt sich von selbst, dass wir einander als Brüder behandeln. Die Eucharistie bildet eine Familie der Kinder Gottes, Brüder Jesu und Brüder untereinander.
Bereits in der natürlichen Familie gibt es Lebensweisen, die, angewandt im Bereich des Glaubens und auf breiter Ebene, die Welt verändern können.
In der Familie ist alles gemeinsam: Leben, Haus, Möbel ... Eine gute Familie hat eine warme Atmosphäre: Einer kennt die Situation des anderen, weil man sie einander mitteilt. Glieder einer wahren Familie bringen in die Welt die Wärme des häuslichen Herdes; sie können der Gesellschaft nützlich sein, wenn sie „intakt" sind, wenn sie aus einer gesunden Familie kommen. Eine Familie kann sich glücklich schätzen, wenn es ihr möglich ist, sich um den Tisch zu versammeln, gemeinsam zu singen oder zu beten.
Wenn nun die Familie eines der schönsten Werke des Schöpfers ist, wie wird dann erst die Familie der Kinder Gottes sein?[23]

Segen und Entlassung

Der Herr sei mit euch.
– *Und mit deinem Geiste.*
Es segne euch der allmächtige Gott,
der Vater und der Sohn
und der Heilige Geist.
– *Amen.*

Gehet hin in Frieden.
– *Dank sei Gott, dem Herrn.*

Jesus ist bei mir im Geschenk der Eucharistie

Andreas Martin

Die Eucharistie lässt uns **Jesus im anderen Menschen** erkennen, ihn, der für jeden Menschen sein Leben hingegeben hat wie in der Eucharistie Brot und Wein. So ist jeder Mensch wert, dass ich ihm diene, mich klein mache vor ihm, ihm durch meine Liebe die Liebe Gottes zeige. Wir werden dabei allerdings „verbraucht“ und „aufgezehrt“, doch nur so wird Eucharistie Leben danach.
Aus dieser Gegenwart gilt es zu leben, den Herrn zu grüßen in den Tabernakeln dieser Welt.

Jedes Mahl ist eine Erinnerung an die Eucharistie. Wie wir die leibliche Speise genießen und mit Ehrfurcht die Gaben der Erde behandeln, so verweisen sie uns auf die Speise für das Leben dieser Welt, meines Lebens und das unserer Gemeinschaft.

Mein Gott, mein Erlöser, bleibe bei mir. Fern von dir müsste ich welken und verdorren. Zeigst du dich mir wieder, blühe ich auf in neuem Leben. – Du bist das Licht, das nie verlöscht, die Flamme, die immer lodert.
Vom Glanz deines Lichtes beschienen, werde ich selber Licht, um anderen zu leuchten. Ich bin nur wie ein Glas, durch das du den anderen scheinst.
Lass mich zu deinem Ruhm deine Wahrheit und deinen Willen verkünden, nicht durch viele Worte, sondern durch die stille Kraft der tätigen Liebe, wie deine Heiligen durch meines Herzens aufrichtige Liebe zu dir.

Fronleichnam

Tantum Ergo

Thomas von Aquin

Sakrament der Liebe Gottes:
Leib des Herrn, sei hoch verehrt,
Mahl, das uns mit Gott vereinigt,
Brot, das unsre Seele nährt,
Blut, in dem uns Gott besiegelt,
seinen Bund, der ewig währt.

Die Zeichen von Brot und Wein

Karl Kardinal Lehmann

An Fronleichnam wird das tiefe Geheimnis des Lebens Jesu, gegenwärtig in den Zeichen von Brot und Wein, hinausgetragen in die Öffentlichkeit unseres Lebens. Fronleichnam hängt deshalb immer wieder mit dem Bekenntnis zu Jesus Christus zusammen.

Es ist nicht zufällig, dass wir an diesem Tag den Herrn der Welt mitführen auf den Straßen unserer Städte und Dörfer. Fronleichnam ist so etwas wie eine äußerste Möglichkeit und Konsequenz der Menschwerdung Jesu Christi. Jesus kam aus der Tiefe des göttlichen Lebens zu uns in die Enge und Bedrängnis unserer Welt. Er spielt dabei nicht nur ein wenig Welttheater, er streift nicht nur gleichsam mit einem Mantel göttlicher Hoheit den Saum unserer Erde, sondern wurde tatsächlich einer von uns und nahm die konkrete menschliche Natur mit dem Schicksal der Menschenwesen an. Er hat wirklich alles angenommen, was Menschen geschehen kann. Als sein Leben durch die Gewalt anderer beendet wurde, sammelte er die ganze Essenz, das, worauf es ankommt, im Geheimnis des Mahles mit seinen Jüngern. Es wurde das leibhaftige Zeichen für seine ganze Lebensrichtung: Hingabe der eigenen Existenz für die vielen, für alle. Dies war nicht nur ein einmaliges Ereignis, sondern damit hat er über das persönliche Vermächtnis hinaus den neuen, ewigen Bund mit der Menschheit geschlossen. Die Kirche, die wie die Sakramente aus seiner Seitenwunde entspringt als Frucht seiner Lebenshingabe und seines Todes, erhielt von ihm den Auftrag: „Tut dies zu meinem Gedächtnis.“ Seither wird die Eucharistie als zentraler kostbarer Schatz der Kirche aufbewahrt und vergegenwärtigt.[24]

Jesus, der uns die Eucharistie geschenkt hat (Mt 26,26-29)

5. Lichtreiches Geheimnis des Rosenkranzes

Joseph Kardinal Ratzinger

Dieses Geheimnis erinnert uns daran, wie Jesus am Abend vor seinem Leiden „im Obergemach" (Mk 14,15) – einem Raum, den ein Freund zur Verfügung gestellt hatte – mit seinen Jüngern zusammen war, um das Paschamahl zu feiern, in dem das Gedächtnis an die Befreiung Israels aus dem „Sklavenhaus Ägyten" begangen wurde. Die besondere Atmosphäre der ersten Pascha-Nacht steigt wieder herauf, in der Israel mitten in der dunklen Nacht Ägyptens, in der der Todesengel umgeht, sich in den Häusern birgt und das Lamm verzehrt, dessen Blut es vor der Macht des Todes schützt. Nun macht Jesus sich selbst zum Lamm und schon damals, in Ägypten, konnte – wie die Kirchenväter sagen – das Lamm nur schützen, weil in ihm das Geheimnis Christi sein Licht vorauswarf.

Sein Herz wird vom römischen Soldaten zur gleichen Stunde durchstochen, in der im Tempel die Osterlämmer geschlachtet werden. Er weiß das und nimmt seinen Tod im Voraus von innen her an: Er nimmt ihn vorweg, indem er über das Brot, das er mit den Jüngern bricht, die Worte sagt: *Dies ist mein Leib, der für euch hingegeben wird.* Hernach sagt er über den Wein: *Dies ist mein Blut, das für euch vergossen wird.* In diesem Augenblick verwandelt Jesus den Akt der Kreuzigung und der Durchbohrung, verwandelt er seinen Tod in einen Akt der Liebe. Er liebt die Seinen „bis zum Äußersten" (Joh 13,1). In diesem Augenblick beginnt die wunderbare Brotvermehrung, die bis zum Ende aller Zeiten reicht: Der Herr wird selbst Brot für die Menschen; er, dessen Worte „Geist und Leben sind" (Joh 6,63), wird Brot für uns, damit wir von ihm und durch ihn leben können. In der Tat: Der Mensch lebt nicht vom Brot allein; er lebt von der Liebe, er lebt vom Sinn, von der Wahrheit; wenn ihm Liebe und Sinngebung versagt bleiben, verdorrt er innerlich; er verfällt. Derjenige, der die Wahrheit und die Liebe selber ist, macht sich mitteilbar, wird „Brot". Und umgekehrt: Das äußere Brot ist mehr als materielles Brot; es wird die Gabe seiner selbst. Gerade das brauchten wir: einen Gott, der uns so nahe wird, dass wir ihn gleichsam in die Hände nehmen können. Einen Gott, der sich uns anvertraut und uns ins Vertrauen ruft.

Wahrheit, die Brot wird, und Liebe, die köstlicher Wein ist und zur nüchternen Trunkenheit der Vereinigung mit Gott führt. Im Abendmahlssaal hat der Herr einen Prozess der Verwandlungen in Gang gesetzt: Er hat Feindschaft in Liebe umgewandelt, Tod in Leben, sich selbst in Brot und Brot in sich selber. Der Vorgang der Verwandlungen darf aber an dieser Stelle nicht Halt machen. Er, der Verwandelt-Verwandelnde, gibt sich uns, damit wir in ihn hinein verwandelt werden. Gewöhnliche Speise wird dem Leib des Menschen anverwandelt oder ausgeschieden. Diese Speise verwandelt uns und will durch uns hindurch die ganze Schöpfung ergreifen, damit „Gott alles in allem" sei (1 Kor 15,28). Jesus hat die Pascha-Nacht in helles Licht umgewandelt, das über die Zeiten hin strahlt. Das Wort vom Schöpfungsbeginn „Es werde Licht" ereignet sich ganz neu in einer nachtdunklen Geschichte. Ja, die Gabe der Eucharistie ist wahrhaft ein lichtvolles Geheimnis. Wir danken dem Herrn, dass er Licht werden ließ, und bitten ihn, dass er in dem großen Prozess der Verwandlungen, den er damit begonnen hat, auch uns zu Kindern des Lichtes mache.[25]

Gebet zum eucharistischen Christus

1. Gott, unser Vater, wir glauben, dass du
der Schöpfer aller Dinge bist,
dass du uns dir ähnlich gemacht hast im Antlitz
deines Sohnes,
der durch das Werk des Heiligen Geistes von
der Jungfrau Maria empfangen wurde,
um für uns Voraussetzung und Garantie
für das ewige Leben zu sein.

2. Wir glauben, vorsorglicher Vater,
dass sich durch die Kraft deines Geistes
Brot und Wein
in Leib und Blut deines Sohnes verwandeln,
in die Speise, die den Hunger
auf unserem Wege stillt.

3. Wir glauben, Herr Jesus, dass sich
deine Menschwerdung
in deinem eucharistischen Leib fortsetzt,
um diejenigen zu speisen, die nach Licht
und Wahrheit,
nach Liebe und Vergebung, nach Gnade
und Heil hungern.

4. Wir glauben, dass du dich in der Eucharistie
   in der Geschichte fortsetzt,
um die Pilger zu stärken und ihren Traum
   zu nähren,
die Früchte der Arbeit zu ernten.
Wir wissen, dass in Betlehem,
   dem „Haus des Brotes“,
der Ewige Vater im Schoß der Jungfrau Maria
das Brot den Hungernden gibt,
   die nach Ewigem verlangen.

5. Wir glauben, dass du, eucharistischer Christus,
   im konsekrierten Brot
und Wein wirklich gegenwärtig bist,
worin du deine Heilsgegenwart fortdauern lässt
und deinen Schafen üppige Wiese und
   klares Wasser reichst.

6. Wir glauben, dass sich unsere Augen täuschen,
   wenn sie Brot sehen,
und dass sich unsere Zunge irrt,
   wenn sie Wein schmeckt,
denn du bist gegenwärtig,
als Opfer dargebracht, und sich
   der Welt Leben schenkend,
die immer nach dem Paradies hungert.

7. Damals, in jener Nacht im Abendmahl,
als du, Herr, das Brot und den Wein
in deine Hände nahmst,
brachtest du uns für alle diese Gaben dar,
in alle Ewigkeit.

8. Mit dir, Lamm des Neuen Bundes,
werden an jedem Altar, auf dem du dich
dem Vater darbringst,
die Früchte der Erde und die Arbeit
der Menschen,
das Leben des Gläubigen, der Zweifel
der Suchenden,
das Lächeln der Kinder, die Pläne
der jungen Menschen,
der Schmerz der Leidenden und die Opfergabe
dessen, der gibt
und der sich für die Brüder und Schwestern
hingibt, dargebracht.

9. Wir glauben, Herr Jesus, dass deine Güte
einen Tisch für die Kleinen und
die Großen bereitet hat,
und dass wir an deinem Tisch zu Brüdern
und Schwestern werden,
und sogar unser Leben für unsere Brüder
und Schwestern hingaben,
wie du es für uns hingegeben hast.

10. Wir glauben, Jesus, dass wir auf dem Altar
deines Opfers
die Kraft für unser schwaches Fleisch
wiedererlangen,
das nicht immer dem Verlangen
des Geistes folgt,
das du aber nach dem Ebenbild deines Leibes
verwandeln willst.

11. Wir glauben, dass an dem für alle
bereiteten Tisch
immer ein Platz sein wird für den, der sucht,
und Raum für den,
der an den Rand des Lebens gedrängt wurde,
wo die Zeichen des Todes überwunden werden
und der neue Himmel und die neue Erde
beginnen.

12. Wir glauben, Jesus, dass du deine Brüder
und Schwestern
nicht verlassen hast, sondern verborgen
in unserem Innersten
und auf deinem Tisch in Brot und Wein
als Licht und Stärkung für den schwachen
Pilger gegenwärtig bist.

13. Wir glauben schließlich, dass du uns
zu Beginn
des Dritten Jahrtausends auf unserem Weg
begleitest.
„Fahr hinaus auf den See" ist in diesem Moment
die Losung der Kirche,
um voller Hoffnung
eine neue Etappe der Geschichte einzuläuten.

14. Wir danken dir, eucharistischer Christus,
dass du uns zu einer
neuen und durch dich gestärkten
Evangelisierung treibst.
Wir bitten dich: Lass deine Mutter diejenigen
begleiten,
die dein Wort annehmen, leben und verkünden,
auf dass durch ihre Fürsprache deine Saat
Frucht bringe.

Amen.

Übersetzung aus dem Spanischen durch das Päpstliche Komitee für die Eucharistischen Weltkongresse.

Anmerkungen mit Quellenangaben

1 *Joseph Kardinal Ratzinger:* Unterwegs zu Jesus Christus. Sankt Ulrich Verlag Augsburg 2003 (im Folgenden: Ratzinger), S. 120.

2 *Ratzinger:* S. 111 ff.

3 *Anselm Grün:* Die Eucharistiefeier. Vier Türme Verlag Münsterschwarzach 2002, 2. Aufl. (im Folgenden: Grün), S. 40 f.

4 *Chiara Lubich:* Größer als unser Herz. St. Benno-Verlag, Leipzig 1981 (im Folgenden: Lubich) S. 130 f.

5 Aus: *Sr. M. Assumpta Schenkl, O.Cist.:* Wie können wir Wohnstatt – Werkstatt – Schauplatz und Sendestation für Gott werden? – Fastenansprache Marienfeld, 21. März 2002.

6 *Anselm Grün:* Eucharistie und Selbstwerdung. Vier Türme Verlag Münsterschwarzach [7]2002, S. 17.

7 *Henri J. M. Nouwen:* Die Kraft seiner Gegenwart – Leben aus der Eucharistie. Verlag Herder Freiburg im Breisgau, 3. Auflage 1996 (im Folgenden: Nouwen), S. 43f.

8 *Romano Guardini (Alle Autorenrechte liegen bei der Katholischen Akademie Bayern): Romano Guardini,* Die Bedeutung des Dogmas vom dreieinigen Gott für das sittliche Leben der Gemeinschaft, in: Auf dem Wege. Versuche, 1. Auflage 1923, S. 94, Matthias-Grünewald-Verlag Mainz.

9 *Joachim Kardinal Meisner:* Brief des Erzbischofs von Köln an die Priester, Diakone und Mitarbeiterinnen und Mitarbeiter im Pastoralen Dienst, Köln 2002, S. 5.

10 *Nouwen:* S. 24 f.

11 *Nouwen:* S. 62.

12 *Gerhard Feige* (Weihbischof im Bistum Magdeburg): Vom Reichtum des Christseins – Impulse für einen lebendigen Glauben. St. Benno-Verlag, 2001, S. 26 ff.

13 *Grün:* S. 30.

[14] *Chiara Lubich:* Ja, ja – Nein, nein. St. Benno-Verlag, Leipzig 1977, S. 42.

[15] *Hl. Gertrud die Große von Helfta* (1256-1302): Aus einem Gebet.

[16] *Hl. Franziskus von Assisi* (1181-1226): Aus einem Gebet.

[17] *Reinhard Körner:* Abba, du wunderbarer Gott. Fotos und Meditationen zum Vaterunser, St. Benno-Verlag Leipzig 2004, S. 6.

[18] Die Eucharistie, Licht und Leben für das neue Jahrtausend. Grundsatzdokument des 48. Eucharistischen Weltkongresses vom 10.-17. Oktober 2004, vgl. Nr. 18-25.

[19] Ebd. Nr. 18.

[20] *Johannes Chrysostomus:* Gebet vor der Kommunion

[21] *Petrus Damianus:* Gebet zur Kommunion.

[22] *Basilius von Cäsarea:* Gebet nach der Kommunion.

[23] *Lubich:* S. 161 f.

[24] *Karl Kardinal Lehmann:* Auszüge aus der Predigt beim 93. Katholikentag in der Eucharistiefeier zu Fronleichnam am 11. Juni 1998.

[25] *Joseph Kardinal Ratzinger:* Rechte beim Autor

Die Ständige Kommission für die Herausgabe der gemeinsamen liturgischen Bücher im deutschen Sprachgebiet erteilte für die aus dem Messbuch entnommenen Texte die Abdruckerlaubnis.

Wir haben uns bemüht, alle Inhaber von Textrechten in Erfahrung zu bringen. Für zusätzliche Hinweise sind wir dankbar.

Bibliografische Information der Deutschen Bibliothek
Die Deutsche Bibliothek verzeichnet diese Publikation in der Deutschen Nationalbibliografie; detaillierte bibliografische Daten sind im Internet über http://dnb.ddb.de abrufbar.

ISBN 3-7462-1787-3

Stammerstr. 11, 04159 Leipzig
www.st-benno.de
Umschlaggestaltung: Ulrike Vetter, Leipzig,
unter Verwendung eines Bildes von KNA
Zusammengestellt von Andreas Martin
Gesamtherstellung: Kontext, Lemsel